JOUE AVEC LES MATHS

Les enfants s'amuseront tout en s'exerçant à :

- ✔ Additionner et à soustraire
- ✔ Lire l'heure
- ✔ Compter l'argent
- ✔ Résoudre des problèmes
- ✔ Identifier les figures géométriques

Illustrations et conception graphique : Dominique Pelletie

Édition publiée par les Éditions Scholastic, 604, rue King Ouest, Toronto (Ontario) M5V 1E1.

5 4 3 2 1   Imprimé au Canada   09 10 11 12 13

Éditions
SCHOLASTIC

La monnaie

Pour chacune des cases, noircis les pièces de monnaie qu'il faut pour arriver à la somme indiquée.

14 ¢ = (25) (25) (25) (10) (10) (10) (5) (1) (1) (1) (1)

35 ¢ = (25) (25) (25) (10) (10) (5) (1) (1) (1) (1)

74 ¢ = (25) (25) (25) (10) (10) (10) (5) (1) (1) (1) (1)

19 ¢ = (25) (25) (25) (10) (10) (10) (5) (1) (1) (1) (1)

75 ¢ = (25) (25) (10) (10) (10) (5) (1) (1) (1) (1)

88 ¢ = (25) (25) (10) (10) (10) (5) (1) (1) (1) (1)

99 ¢ = (25) (25) (25) (10) (10) (10) (5) (1) (1) (1) (1)

L'ordre décroissant

Place les nombres en ordre décroissant.

9   16   11   22   27   3

◯ ◯ ◯ ◯ ◯ ◯

6   32   8   23
17   24   42   16

◯ ◯ ◯ ◯ ◯ ◯ ◯ ◯

54   95   3   55
76   43   11   13

◯ ◯ ◯ ◯ ◯ ◯ ◯ ◯

9

L'estimation

Tu fais une estimation lorsque tu tentes
de deviner une quantité ou une valeur.

A

À ton avis,
combien y a-t-il d'os?

Estimation : _____

As-tu la bonne réponse?

Fais d'abord des ensembles de **10**.

Il y a _____ dizaine et _____ unités.

Il y a _____ os.

B

À ton avis,
combien y a-t-il de fleurs?

Estimation : _____

As-tu la bonne réponse?

Fais d'abord des ensembles de **10**.

Il y a _____ dizaines et _____ unités.

Il y a _____ fleurs.

Méli-mélo

Colorie tous les triangles
qu'il y a dans ce dessin.

Combien y a-t-il
de triangles?

_____

Les ensembles

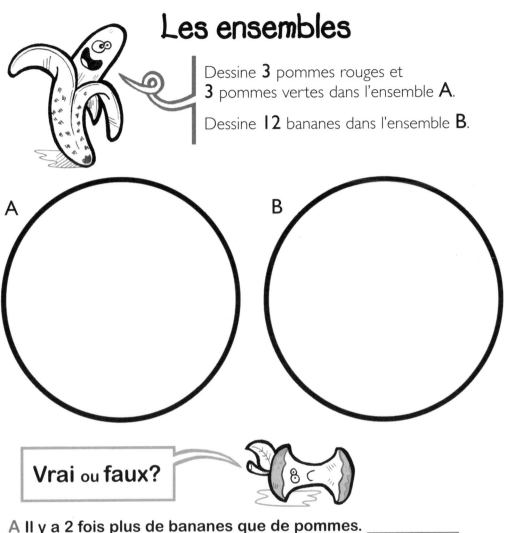

Dessine **3** pommes rouges et **3** pommes vertes dans l'ensemble **A**.

Dessine **12** bananes dans l'ensemble **B**.

A

B

Vrai **ou** faux?

A Il y a 2 fois plus de bananes que de pommes. _____

B Il y a 2 fois moins de pommes que de bananes. _____

C Au total, il y a 16 fruits. _____

D On peut dire que A = B. _____

E On peut dire que A < B. _____

F Si tu ajoutes 6 pommes dans l'ensemble A,
tu auras autant de pommes que de bananes. _____

12

Creuse-méninges

Écris l'opération et trouve la solution.

A Gaston a 4 poissons rouges.
Le chat Moustache en mange 2…

Combien en reste-t-il? _____ ☐ _____ = _____

B Rita collectionne les coquillages. Elle en a 23.
Alice lui en rapporte 4 du Mexique.

Combien en a-t-elle maintenant? _____ ☐ _____ = _____

C Léo a fait 12 muffins à l'avoine. Il en mange 3.

Combien en reste-il? _____ ☐ _____ = _____

D La chorale de Mathilde a donné 4 concerts cette
année. L'année prochaine, elle en donnera 3 de plus.

**Combien de concerts
donnera la chorale?** _____ ☐ _____ = _____

E Pendant ses vacances, Arthur a pris 12 photos.
Il en a jeté 6 qui étaient ratées.

Combien lui en reste-t-il? _____ ☐ _____ = _____

L'ordre croissant

A Place les nombres selon l'ordre croissant.

8 2 13
9 7

B Place les nombres selon l'ordre croissant.

32 12 26
27 16

C Place les nombres selon l'ordre croissant.

55 20 120
155 220
300

YOUP¡!

14

La masse

50 kg +
15 kg =

Combien pèse chacun des personnages? Place l'aiguille au bon endroit.

30 kg +
20 kg =

Les abréviations

kilogramme : **kg**
gramme : **g**

5 kg +
10 kg =

Choisis le bon signe.

<
plus
léger

ou

>
plus
lourd

Albert est _____ que Rita.

Rita est _____ que Bidule.

Bidule est _____ qu'Albert.

La taille

Les abréviations

mètre : **m**
décimètre : **dm**
centimètre : **cm**
millimètre : **mm**

Léo mesure

_____ cm.

Martine mesure

_____ cm.

Bébé Paul mesure

_____ cm.

Choisis le bon signe.

< ou **>**
plus   plus
petit   grand

Bébé Paul est _____ **que Martine.**

Martine est _____ **que Léo.**

Léo est le _____ **des trois.**

16

Quelle heure est-il?

Le cadran indique l'heure.
Comment écrirais-tu la même heure sur une horloge numérique?

Opérations codées

Trouve la solution en plaçant les valeurs correspondant aux images.

🦴 = 4   🥣 REX = 5   🎾 = 7   🏠 = 8

🦴 + 🦴 = 8

A

🦴 + 🏠 = _____ + _____ = _____

B

🥣 + 🎾 = _____ + _____ = _____

C

🏠 - 🥣 = _____ - _____ = _____

D

🎾 + 🎾 - 🦴 = _____ + _____ - _____ = _____

E

🥣 + 🥣 - 🏠 = _____ + _____ - _____ = _____

F

🏠 + 🦴 + 🦴 = _____ + _____ + _____ = _____

18

Les signes : < > =

Indique si le nombre d'éléments à gauche est **plus petit, plus grand ou égal** au nombre d'éléments à droite en plaçant le bon signe.

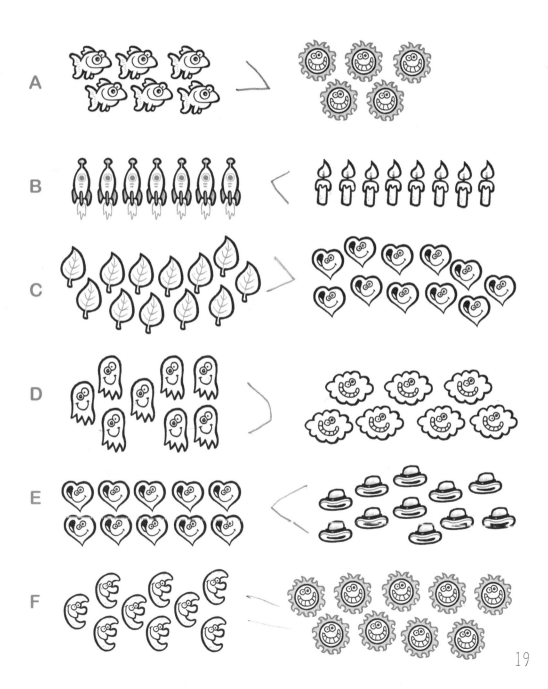

19

Compte par bonds

Complète les séquences de nombres
en comptant par bonds.

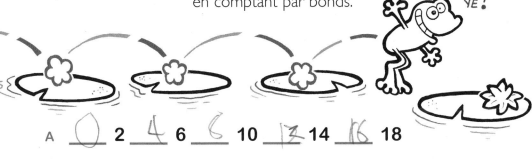

A   0   2   4   6   8   10   12   14   16   18

B   1   3   5   7   9   11   13   15

C   5   10   15   20   25   30   35   40

D   3   6   9   12   15   18   21   24

E   25   50   75   100   125   150   175

F   4   8   12   16   20   24   28   32

G   20   40   60   80   100   120

H   50   100   150   200   250   300

20

Les dollars et les pièces

Pour chaque rangée, calcule la somme représentée.

A   5$ 2$ 25¢   = _____ , _____ $

B   10$ 1$ 10¢   10¢   = _____ , _____ $

C   2$ 2$ 1$ 25¢   25¢   5¢   5¢   = _____ , _____ $

D   10$ 2$ 10¢   10¢   1¢   1¢   1¢   1¢   = _____ , _____ $

E   20$ 10$ 5$ 25¢   25¢   1¢   1¢   1¢   1¢   = _____ , _____ $

Points à relier

Relie les points de 5 à 300 selon l'ordre croissant.

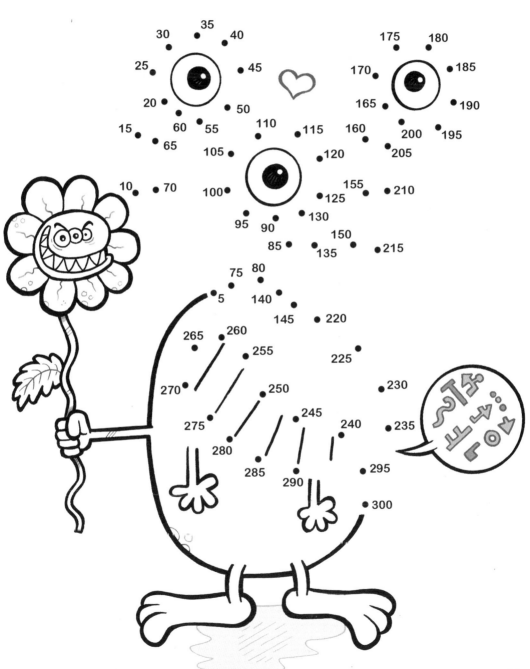

Quelle heure est-il?

L'horloge numérique indique l'heure.
Place les aiguilles sur le cadran pour indiquer la même heure.

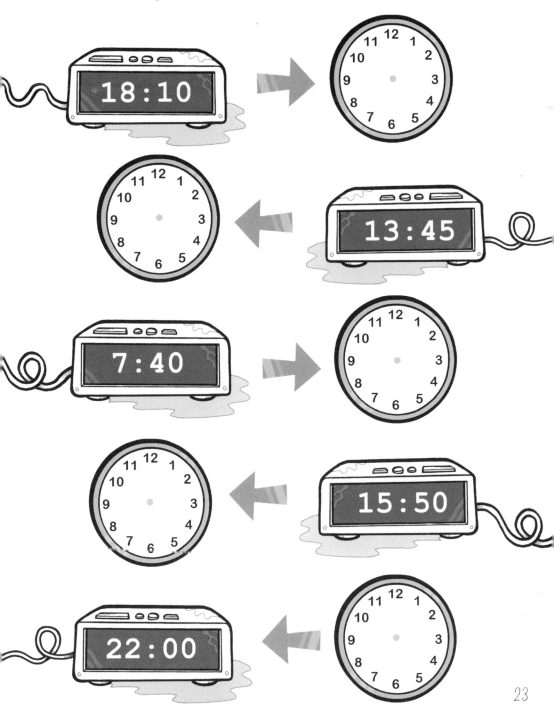

Diagramme

Fais un diagramme avec les renseignements suivants :

Arthur regarde la télé 6 heures par semaine.

Martine regarde la télé 8 heures par semaine.

Alice regarde la télé seulement 2 heures par semaine.

Et toi, combien d'heures par semaine passes-tu devant la télé? _____

Combien d'heures par semaine ta mère ou ton père passe-t-il (elle) devant la télé? _____

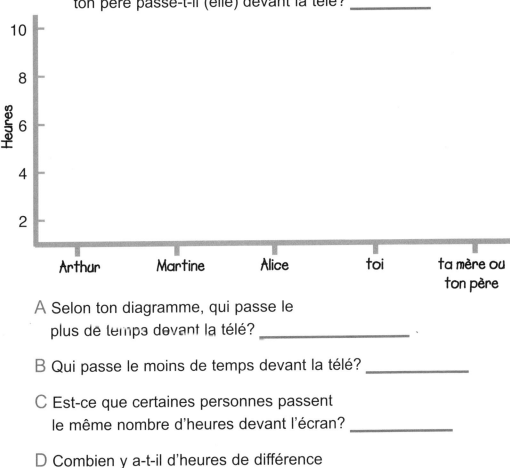

A Selon ton diagramme, qui passe le plus de temps devant la télé? _____

B Qui passe le moins de temps devant la télé? _____

C Est-ce que certaines personnes passent le même nombre d'heures devant l'écran? _____

D Combien y a-t-il d'heures de différence entre toi et Alice? _____

24

Quelle heure est-il?

Chaque cadran indique une heure.
Comment écrirais-tu la même heure sur une horloge numérique?

Les côtés

Indique le nombre de côtés pour chacune
des figures géométriques suivantes.

A _____

B _____

C _____

D _____

E _____

F _____

G _____

H _____

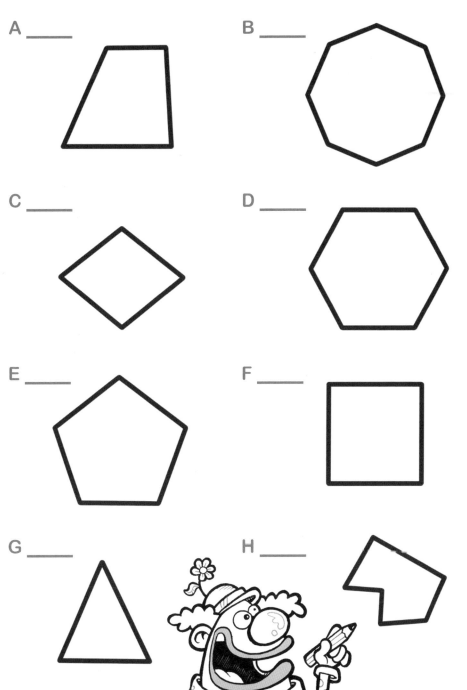

Creuse-méninges

A Arthur a 6 stylos à bille. Il en jette 1 qui ne fonctionne plus et il en donne 2 à Mathilde. Combien de crayons lui reste-t-il?

Explique comment tu as fait pour trouver la réponse.

Il lui reste _____ stylos.

B Alice a 4 ballons. Son petit frère Antoine en a le même nombre. Oncle Gérard vient à la maison et leur offre chacun 1 ballon. Combien Alice et Antoine ont-ils de ballons en tout?

Explique comment tu as fait pour trouver la réponse.

Ils ont _____ ballons en tout.

C 12 voitures participent à une course. 3 d'entre elles sont éliminées en raison d'un mauvais départ. 1 voiture abandonne en raison d'une panne d'essence. 1 autre voiture s'arrête en raison d'une crevaison. Combien de voitures sont toujours dans la course?

Explique comment tu as fait pour trouver la réponse.

_____ voitures sont toujours dans la course.

Les signes : **< > =**

Indique si le nombre à gauche est **plus petit, plus grand** ou **égal** au nombre à droite.

A 21 _>_ 19

B 43 _<_ 49

C 52 _>_ 32

D 16 _=_ 16

E 100 _<_ 101

F 238 _<_ 248

G 500 _<_ 600

H 96 _>_ 86

I 122 _>_ 112

J 77 _>_ 67

K 59 _<_ 95

L 154 _>_ 145

M 168 _<_ 186

N 46 _<_ 65

O 232 _>_ 223

Additions à trous

Complète les additions en ajoutant
les bons chiffres dans les espaces.

A 3 +_____ = 6

B 4 +_____ = 8

C _____+ 7 = 11

D 5 +_____ = 11

E 7 +_____ = 9

F _____+ 13 = 16

G 5 +_____ = 8

H _____+ 8 = 10

Pour ces problèmes,
il y a plus
d'une réponse
possible.

_____ + _____ = 4

_____ + _____ = 9

_____ + _____ = 10

_____ + _____ = 13

29

Dessin caché

Découvre le dessin caché en trouvant les solutions,
puis en coloriant selon le code.

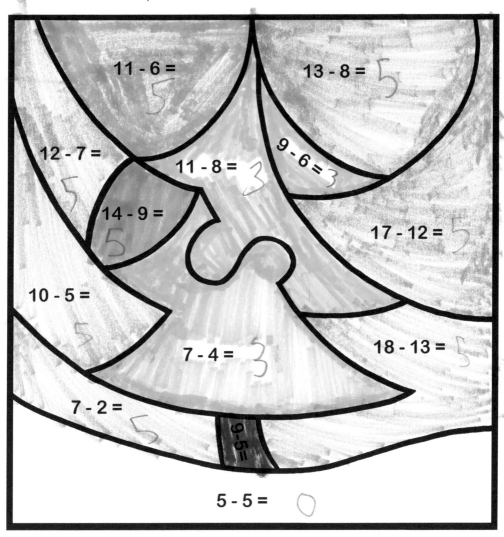

11 - 6 =

13 - 8 =

12 - 7 =

11 - 8 =

9 - 6 =

14 - 9 =

17 - 12 =

10 - 5 =

7 - 4 =

18 - 13 =

7 - 2 =

9 - 5 =

5 - 5 =

Code de couleur :

0 = blanc   3 = vert

1 = rouge   4 = brun

2 = jaune   5 = bleu

Creuse-méninges

A Saucisson a trouvé la boîte de biscuits qu'Alice avait cachée. Il reste 16 biscuits dans la boîte. Il en mange 5 et en cache 3 dans sa niche. Combien reste-t-il de biscuits ?

> Explique comment tu as fait pour trouver la réponse.

Il reste _____ **biscuits.**

B Il y a 4 chaises autour d'une table. Chacune à 4 pieds. En basculant vers l'arrière, Théo casse 2 pieds à sa chaise… La mère de Théo jette la chaise cassée. Combien reste-t-il de chaises? Combien y a-t-il de pieds de chaises?

> Explique comment tu as fait pour trouver la réponse.

Il reste _____ **chaises.**

Il y a _____ **pieds.**

C Mathilde veut offrir des sucettes à ses amies. Elle en achète une boîte de 12. Elle en mange 2 et en offre 1 à son chien Bidule. Elle en donne 5 à ses amies. Combien en reste-il ?

> Explique comment tu as fait pour trouver la réponse.

Il reste _____ **sucettes.**

31

Trouve l'intrus

Toutes ces opérations donnent le même résultat sauf une. Encercle-la.

A $6 + 6 - 6 =$

B $2 + 2 + 2 =$

D $3 + 3 =$

C $1 + 1 + 4 =$

E $2 + 4 =$

G $5 + 5 - 4 =$

F $3 + 5 - 2 =$

H $1 + 5 =$

J $6 + 2 - 2 =$

I $16 - 10 =$

K $9 - 3 =$

L $10 - 6 + 2 =$

M $8 - 2 =$

N $14 - 4 - 3 =$

Devinette

Rita cueille une dizaine de pommes.

Elle en a _____.

Arthur en cueille 2 de moins.

Il en a _____.

Maurice en a 2 fois moins qu'Arthur dans son panier.

Il en a _____.

Alice en a 1 de plus que Maurice.

Elle en a _____.

Saucisson en a la même quantité que Maurice.

Il en a _____.

Combien les compagnons ont-ils ramassé de pommes en tout?

Explique comment tu as fait pour trouver la réponse.

Ils ont ramassé _____ pommes en tout.

Les mesures

Estime d'abord les mesures des objets suivants.
Prends ensuite une règle ou un galon pour voir si tu as visé juste.

Estime la longueur d'un cheveu de chacun des membres de ta famille. Ensuite, mesure-les et inscris tes résultats dans le tableau.

Nom	Estimation	Résultat

Qui a le cheveu le plus court ?

_____

Qui a le cheveu le plus long ?

_____

	Estimation	Résultat
La largeur de ton livre préféré :	_____	_____
La longueur d'une carotte :	_____	_____
La longueur d'un spaghetti :	_____	_____

Les prix

Gaston se demande comment dépenser les 50 $ qu'il a reçus en cadeau de sa marraine. Et toi, comment les dépenserais-tu? Encercle tes choix et additionne-les. Il faut dépenser la totalité du montant, sans le dépasser!

visite au zoo : **15 $**

cinéma : **10 $**

chocolat et friandises : **5 $**

CD de musique : **15 $**

chandail de hockey : **20 $**

repas au restaurant : **5 $**

un livre : **10 $**

un jouet : **10 $**

un cadeau pour tes parents : **10 $**

Une montagne d'os

Amuse-toi à compter les os en les groupant en paquets de 10.

Il y a _____ dizaines d'os.

Il reste _____ unités.

Il y a donc _____ os en tout!

Additions

Complète le tableau suivant en faisant les additions.

+	2	3	4	5	6	7	8	9
2	4		6		8	9		11
3					9			12
4				9			12	
5			9				13	
6				11		13		15
7		10		12			15	
8					14			
9			13			16		

37

Casse-tête

Trouve les nombres manquants pour compléter le casse-tête.

	+	6	=	15
+		+		-
8	-		=	6
=		=		=
	=	8	+	

14	-		=	8
+		+		+
5	-	3	=	
=		=		=
	=		+	10

Trouve l'intrus

Pour chaque rangée, compte les côtés et
encercle la figure qui ne va pas avec les autres.

A

B

C

D

E

F

Diagramme

Sers-toi du diagramme suivant
pour répondre aux questions.

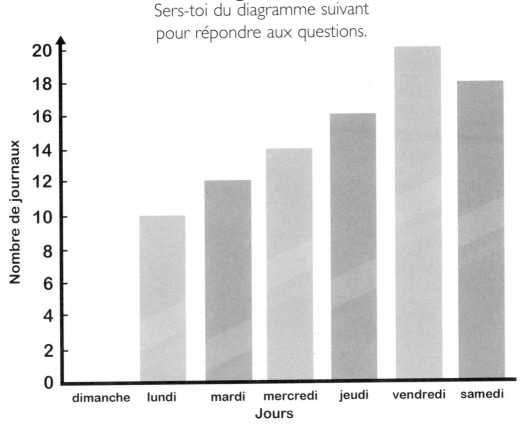

A Quel jour Rita distribue-t-elle le plus de journaux? _____

B Quel jour en distribue-t-elle 2 fois moins? _____

C Combien de journaux Rita distribue-t-elle le mardi? _____

D Combien de journaux distribue-t-elle le dimanche? _____

E Quel jour Rita distribue-t-elle 2 journaux
de moins que le mardi? _____

F Quel jour Rita distribue-t-elle 4 journaux
de plus que le mardi? _____

40

Additions et soustractions

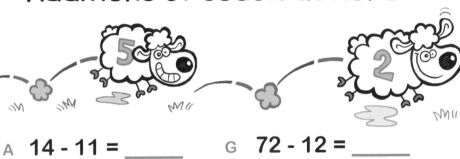

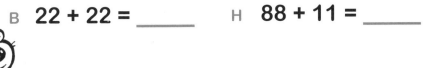

A 14 - 11 = _____

G 72 - 12 = _____

B 22 + 22 = _____

H 88 + 11 = _____

C 43 + 44 = _____

I 65 - 27 = _____

D 30 - 10 = _____

J 24 + 32 = _____

E 62 - 32 = _____

K 65 + 35 = _____

F 37 + 44 = _____

L 65 - 35 = _____

41

Combien reste-t-il?

Théo veut dépenser ses 4,27 $.
Après avoir acheté les articles suivants, combien lui reste-il?
Pour te faciliter la tâche, noircis les pièces utilisées pour payer chaque article.

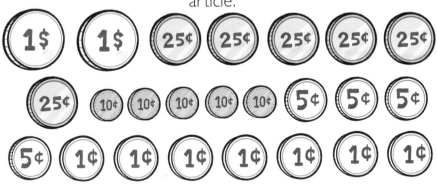

Il lui reste _____ ¢

Casse-tête

Trouve les nombres manquants pour compléter le casse-tête.

22	-		=	14
=		+		+
13	-		=	
+		=		=
	=	13	-	22

15	=		+	7
-		+		+
8	+		=	
=		=		=
	=	23	-	30

43

Opérations codées

Trouve la solution en plaçant les valeurs correspondant aux images.

= 10   = 14   = 17   = 21

A + = _____ + _____ = _____

B + = _____ + _____ = _____

C − = _____ - _____ = _____

D − = _____ - _____ = _____

E + − = _____ + _____ - _____ = _____

F + − = _____ + _____ - _____ = _____

G + − = _____ + _____ - _____ = _____

44

Dessin caché

Découvre le dessin caché en trouvant les solutions,
puis en coloriant selon le code.

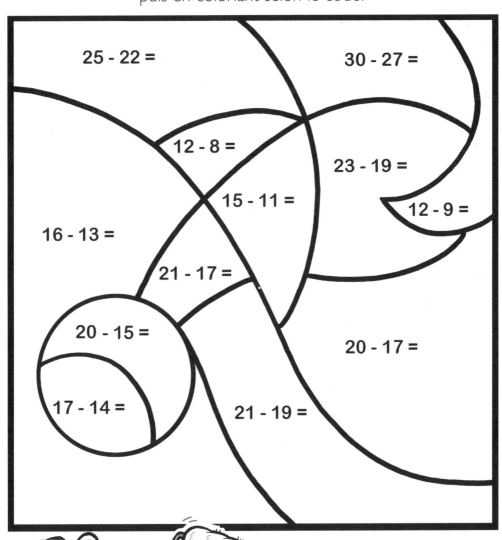

25 - 22 =

30 - 27 =

12 - 8 =

23 - 19 =

15 - 11 =

12 - 9 =

16 - 13 =

21 - 17 =

20 - 15 =

20 - 17 =

17 - 14 =

21 - 19 =

Code de couleur :

0 = blanc   3 = bleu

1 = brun   4 = rouge

2 = vert   5 = jaune

45

solutions

Page 2

A. 8 9 10 11 12 13 14

B. 23 22 21 20 19 18 17

C. 9 8 7 6 5 4 3 2 1

D. 33 34 35 36 37 38

E. 60 59 58 57 56 55 54

F. 40 41 42 43 44 45 46

G. 77 78 79 80 81 82 83

H. 89 90 91 92 93 94 95

Page 4

A. 12

B. 4

C. 10

D. 17

E. 1

F. 16

G. 10

H. 12

Page 5

A. 2

B. 10

C. 6

D. 7

Page 6

Les opérations dont le résultat n'est pas 9 :

2 + 6 = 8

11 - 5 = 6

Les opérations dont le résultat n'est pas 11 :

4 + 6 = 10

17 - 5 = 12

Page 7

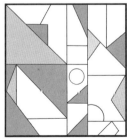

Page 8

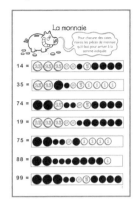

Page 9

27 22 16 11 9 3

42 32 24 23 17 16 8 6

95 76 55 54 43 13 11 3

Page 10

A. 1 dizaine et 6 unités, donc 16

B. 2 dizaines et 4 unités donc 24

Page 11

12 triangles

Page 12

A. vrai

B. vrai

C. faux

D. faux

E. vrai

F. vrai

Page 13

A. 4 - 2 = 2

B. 23 + 4 = 27 C. 12 - 3 = 9

D. 4 + 3 = 7 E. 12 - 6 = 6

Page 14

A. 2 7 8 9 13

B. 12 16 26 27 32

C. 20 55 120 155 220 300

Page 15

Albert pèse: **65** kg

Rita pèse: **50** kg

Bidule pèse: **15** kg

Albert est **plus lourd (>)** que Rita

Rita est **plus lourde (>)** que Bidule

Bidule est **plus léger (<)** qu'Albert

Page 16

Léo mesure **175 cm**

Martine mesure **155 cm**

Bébé Paul mesure **60 cm**

Bébé Paul est **plus petit (<)** que Martine.

Martine est **plus petite (<)** que Léo.

Léo est le **plus grand (>)** des trois.

Page 17

3 : 25

5 : 35

7 : 50

12 : 15

10 : 35

Page 18

A. 4 + 8 = 12

B. 5 + 7 = 12

C. 8 - 5 = 3

D. 7 + 7 - 4 = 10

E. 5 + 5 - 8 = 2

F. 8 + 4 + 4 = 16

Page 19

A. > B. < C. >

D. > E. < F. =

solutions

Page 20

A. 0 2 4 6 8 10 12 14 16 18

B. 1 3 5 7 9 11 13 15

C. 5 10 15 20 25 30 35 40

D. 3 6 9 12 15 18 21 24

E. 25 50 75 100 125 150 175

F. 4 8 12 16 20 24 28 32

G. 20 40 60 80 100 120

H. 50 100 150 200 250 300

Page 21

A. 7,25 $ D. 12,24 $

B. 11,20 $ E. 35,54 $

C. 5,60 $

Page 23

Page 25

4 : 30

1 : 15

8 : 25

12 : 20

2 : 55

Page 26

A. 4

B. 8

C. 4

D. 6

E. 5

F. 4

G. 3

H. 6

Page 27

A. 6 - 1 - 2 = 3 stylos

B. 4 + 4 + 1 + 1 = 10 ballons

C. 12 - 3 - 1 -1 = 7 voitures

Page 28

A. >   B. <   C. >

D. =   E. <   F. <

G. <   H. >   I. >

J. >   K. <   L. >

M. <   N. <   O. >

Page 29

A. 3   E. 2

B. 4   F. 3

C. 4   G. 3

D. 6   H. 2

Page 30

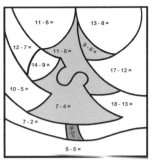

Page 31

A. 16 - 5 - 3 = 8 biscuits

B. 4 - 1 = 3 chaises
   4 + 4 + 4 = 12 pieds

C. 12 - 2 - 1 - 5 = 4 sucettes

Page 32

Toutes les opérations égalent 6, sauf

N. 14 - 4 - 3 = 7

Page 33

Rita a **10** pommes

Arthur a **8** pommes

Maurice a **4** pommes

Alice a **5** pommes

Saucisson a **4** pommes

10 + 8 + 4 + 5 + 4 =

31 pommes

Page 35

Selon tes goûts il y a plusieurs réponses possibles!

Page 36

Il y a **7** dizaines d'os. Il reste **5** unités.

Il y a donc **75** os en tout!

solutions

Page 37

+	2	3	4	5	6	7	8	9
2	4	5	6	7	8	9	10	11
3	5	6	7	8	9	10	11	12
4	6	7	8	9	10	11	12	13
5	7	8	9	10	11	12	13	14
6	8	9	10	11	12	13	14	15
7	9	10	11	12	13	14	15	16
8	10	11	12	13	14	15	16	17
9	11	12	13	14	15	16	17	18

Page 40

A. vendredi
B. lundi
C. 12
D. 0
E. lundi
F. jeudi

Page 41

A. 3   G. 60
B. 44   H. 99
C. 87   I. 38
D. 20   J. 56
E. 30   K. 100
F. 81   L. 30

Page 42

Il lui reste 4 ¢

Page 38

9	+	6	=	15
+		+		-
8	-	2	=	6
=		=		=
17	=	8	+	9

14	-	6	=	8
+		+		+
5	-	3	=	2
=		=		=
19	=	9	+	10

Page 39

A.
B.
C.
D.
E.
F.

Page 43

22	-	8	=	14
=		+		+
13	-	5	=	8
+		=		=
9	=	13	-	22

15	=	8	+	7
-		+		+
8	+	15	=	23
=		=		=
7	=	23	-	30

Page 44

A. 10 + 14 = 24
B. 21 + 17 = 38
C. 17 - 14 = 3
D. 21 - 10 = 11
E. 14 + 21 - 17 = 18
F. 21 + 17 - 10 = 28
G. 17 + 10 - 21 = 6

Page 45

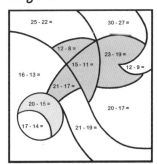

48